간추린 미국초등 교과서

# Reading Writing Listening

초급 ①

글 Elly Kim  감수 James Cho
녹음 Bob Tripp · Eleanor Spall

채운어린이

## 간추린 미국초등교과서로
## 읽기(독해), 쓰기(작문), 듣기(CD) 학습을 한꺼번에!

**❶ 미국 1~2학년 초등학생이 배우는 내용이에요.**

이 책에 실린 지문은 현재 미국 초등학교 1~2학년이 배우는 내용을 간추린 것입니다. 현실과 동떨어진 학습만큼 허망한 일이 또 있을까요? 원어민이 실제로 사용하는 단어, 표현 등을 배울 수 있는, 살아 있는 영어 학습 텍스트입니다.

**❷ 읽기, 쓰기, 듣기 학습을 한꺼번에!**

40개의 본문을 읽고 제시된 문제를 풉니다. 사지선다형으로 정답을 고르게 한 읽기 문제, 어린이가 직접 문장으로 답을 적도록 한 쓰기 문제, 원어민이 녹음한 CD로 듣기 학습까지 읽기, 쓰기, 듣기 학습을 한꺼번에 할 수 있습니다.

**❸ 내 실력의 위치를 정확하게 판단할 수 있어요.**

미국 어린이들이 실제로 사용하는 교과서를 텍스트로 삼았기 때문에 자신의 독해력, 작문 실력, 듣기 실력의 현 위치를 정확하게 판단할 수 있습니다. 초급, 중급, 고급 3단계로 구성한 이 책으로 영어 실력을 부쩍 키울 수 있습니다.

## 이 책을 효과적으로 이용하는 법

**❶ 타이틀**

제목을 통해 무엇에 관한 글인지 파악한다.

**❷ 본문**

꼼꼼히 정독하며 독해를 한다. 모르는 단어는 사전을 찾아서 정확하게 알고 넘어가고, 쓰임새가 많은 표현은 따로 영어표현 사전을 만들어 나중에도 사용할 수 있도록 한다.

**❸ Reading Practice**

본문 내용을 제대로 파악했는지 테스트하는, 사지선다형 문제를 푼다.

**❹ Writing Practice**

본문 내용을 제대로 파악해야만 풀 수 있는, 문장 쓰기형 문제를 푼다.

**❺** 이 책의 출처인 아래의 원서로 더 다양한 내용을 학습한다.

    1) 출판사: Frank Schaffer Publications, 〈Spectrum Reading〉

    2) 출판사: Scott Foresman, 〈Science〉

    3) 출판사: Harcourt, 〈Social Studies〉

# CONTENTS

**Chapter 4**

# Geography

 Chapter **5**

# Math

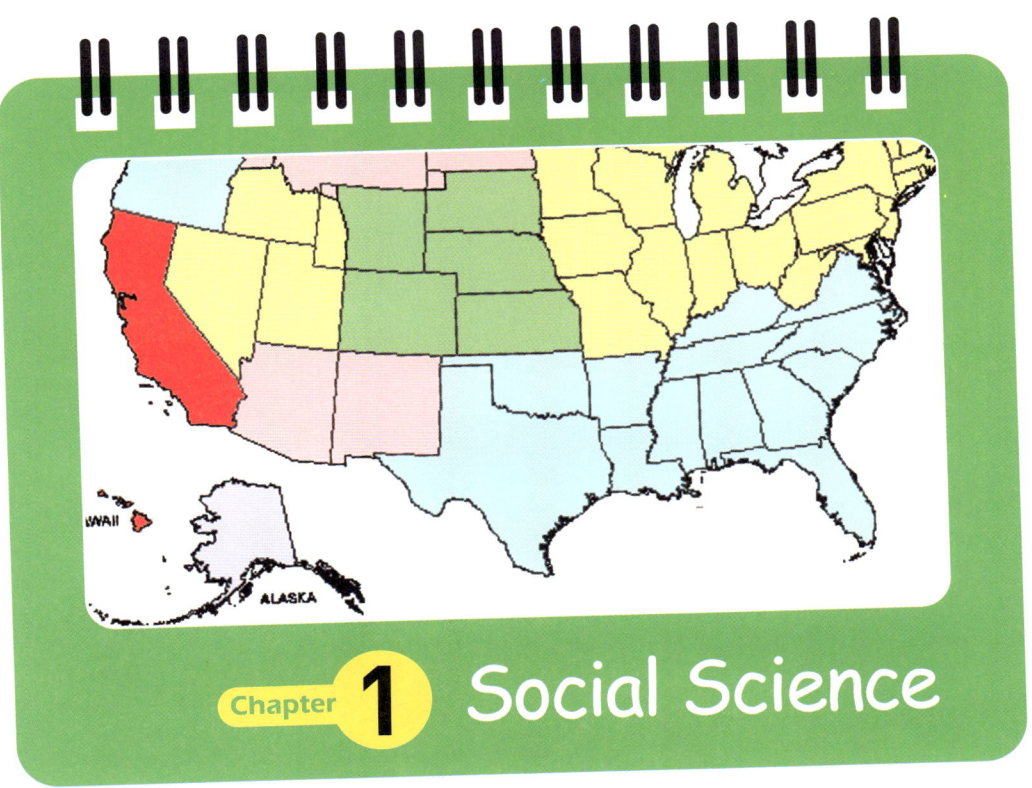

Chapter **1** Social Science

## Who are Americans? - The First Americans

No one knows for sure how or when the first people came to the Americas.

There are many different ideas.

One idea is that long ago, hunters traveled to North America from Asia.

Over thousands of years, more and more people followed.

After early people reached North America, they kept moving to the east and to the south.

Over time, the groups now called Native Americans or American Indians, settled across North America and South America.

**1** **Who were the first Americans?**

① European　　　　② Asian

③ No one knows for sure how or when the first people came to the Americas.

④ Latino

**2** **What are the groups of early people who reached North America now called?**

① Native Americans　　② European

③ Asian　　　　　　　④ African American

Writing Practice ✏️

**3** Please explain one idea of how or when the first people came to the Americas.

------------------------------------------------

**4** Where did Native Americans or American Indians settle?

------------------------------------------------

George Washington, Benjamin Franklin and 53 other leaders worked for four months.

Finally, they agreed on a constitution or plan of government.

The Constitution explains how our nation's democracy works.

In a democracy, people can elect leader to govern them.

This makes the United States a republic, a government that gets its power from the people.

In fact, the Constitution begins.

**1** Who worked for four months to agree on a plan of government?

① George Bush            ② Barack Obama

③ Benjamin Franklin      ④ Bill Clinton

**2** What is a plan of government called?

① the Constitution       ② the President

③ the Governor           ④ the Congressman

Writing Practice ✏️

**3** What does the Constitution do?

--------------------------------------------------------------------

**4** What is a government that gets its power from the people called?

--------------------------------------------------------------------

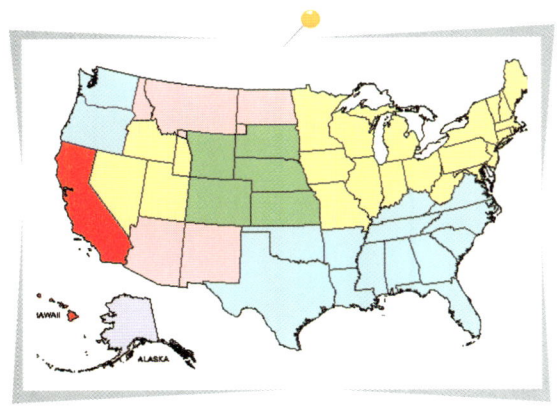

The United States is made up of 50 states.

Each state is a political region with exact borders.

People often group states together into regions.

This makes it easier to study parts of the United States.

This textbook groups all the states into five large regions- the Northeast, the Southeast, the Midwest, the Southwest, and the West.

The States that make up each region are all located in the same part of the United States.

They share similar physical features, economies and ways of life.

**1** How many states make up the United States?

① forty five  ② fifty  ③ fifty five  ④ sixty

**2** What do people group states together into?

① regions  ② borders  ③ cities  ④ towns

**3** What are the five large regions?

----------------------------------------

**4** What similar things do the five regions share?

----------------------------------------

**Social Science**

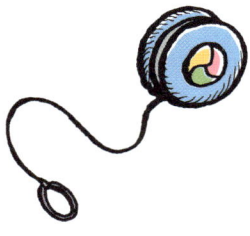

for sure  확실히

hunter  사냥꾼

more and more  점점 더 많은

keep moving  계속 이동하다

settle  정착하다

leader  지도자

constitution  헌법

government  정부

democracy  민주주의

govern  통치하다

in fact  사실상

political  정치적인

border  국경, 경계

region  지역

make up  구성하다, 이루다

physical  물리적인

economy  경제

Chapter **2** Literature

# Time for a Pet

Carolyn went back to her room.

She had just started school.

Her new teacher gave her lots of homework.

She had books to read and stories to write.

Her class was even going to put on a school play.

Maybe she didn't have time to take care of a pet after all.

Carolyn held her teddy bear tight.

"What do you think I should do, teddy bear?" she asked.

But the teddy bear didn't say anything at all because he wasn't real.

**1** **What should Carolyn do in her room?**

① homework  ② school play  ③ sleeping  ④ eating

**2** **What was her homework?**

① taking care of the baby                    ② playing
③ reading books and writing stories    ④ talking to her teddy bear

**3** **Who did Carolyn talk to?**

-----------------------------------------------------------------------------------------

**4** **Why didn't the teddy bear say anything?**

-----------------------------------------------------------------------------------------

"Knock, knock," said Carolyn's dad.

He stood in the doorway.

"Hi, Carolyn. Mom said you wanted pet. What kind of pet did you want?"

"Hi, dad. I want a pet that is soft like a kitten or a puppy," said Carolyn.

"Well, pets like dogs and cats are a lot of work,"  said Mr. Jones.

"How about a pet turtle or a fish tank with lots of pretty fish?"

But Carolyn was sad.

She knew she could never hug a turtle or a fish.

**1** What does Carolyn want?

① a book  ② a bag  ③ a bicycle  ④ a pet

**2** What kind of pet does Carolyn want to have?

① a turtle  ② a fish  ③ a kitten or a puppy  ④ a bear

Writing Practice ✏️

**3** What did her dad mention as a possible pet?

-----------------------------------------------------------------------

**4** Why was Carolyn sad?

-----------------------------------------------------------------------

# Yes or No?

All night, Carolyn tossed in her bed.

She knew she could take care of a pet.

She hoped her parents would say yes.

She would give her pet fresh water.

She would brush its fur.

And she would always love it.

Carolyn's last name was Jones.

So her new pet would be

named 'Promise Jones'.

She liked the name

already.

**1** What did Carolyn know?

① that she could take care of a pet

② that she tossed in her bed

③ that she could wake up early in the morning

④ that she could do her homework

**2** What is Carolyn's last name?

① Promise ② Jones ③ Linda ④ Jesse

Writing Practice ✏️

**3** What would her new pet be named?

-----------------------------------------------------------------------

**4** What does she think of the name?

-----------------------------------------------------------------------

# A Real Pet

Carolyn's dad walked into the kitchen.

He had a big smile on his face.

Carolyn was jumping in her seat.

Her dad smiled like that when he said something good.

"Carolyn, your mom and I have talked all night about a pet," said her dad.

"Now, if you promise to take good care of a pet, we will get one."

Carolyn ran to her dad and hugged him.

Carolyn's mom joined the hug.

The Jones family would soon have a real pet.

**1** Where was Carolyn sitting?

① in her room                    ② in her seat in the kitchen

③ in the living room             ④ in the library

**2** What was her dad's mood when he walked into the kitchen?

① upset  ② happy  ③ sad  ④ surprised

**3** What did Carolyn do after her dad talked about a pet?

------------------------------------------------------------

**4** What did her mom do after Carolyn ran to her dad and hugged him?

------------------------------------------------------------

Carolyn and her mom walked into a large room filled with rows of cages.

Behind the bars were animals of all shapes and sizes.

There were fat dogs, skinny dogs like hot dogs, furry dogs, and cages of cats.

Carolyn reached her hand through the bars.

She petted a sleeping kitten.

Its tummy was moving up and down.

Next, a fat cat licked Carolyn's hand.

Its tongue felt scratchy on her hand.

**1** **Where did Carolyn and her mom go to?**

① the pound  ② the school  ③ the playground  ④ the zoo

**2** **What was the room filled with?**

① cookies  ② toys  ③ rows of cages  ④ kids

**3** **What did Carolyn pet?**

-------------------------------------------------------------------------

**4** **What did a fat cat do?**

-------------------------------------------------------------------------

Carolyn did not know what to do.

So many animals needed a home and she could take only one.

Carolyn went back to the sleeping kitten.

It looked like a baby cloud.

It was a tiny ball of soft fur.

She reached her hand in the cage and petted it slowly.

"I think I will take you," she said.

"Your name will be Promise Jones."

Just then, the kitten looked up at Carolyn.

**1** How many animals could Carolyn take home?

① two  ② three  ③ four  ④ one

**2** What color was the sleeping kitten?

① white  ② black  ③ yellow  ④ brown

**3** What did the sleeping kitten look like?

---------------------------------------------------------------

**4** What did Carolyn do to the sleeping kitten?

---------------------------------------------------------------

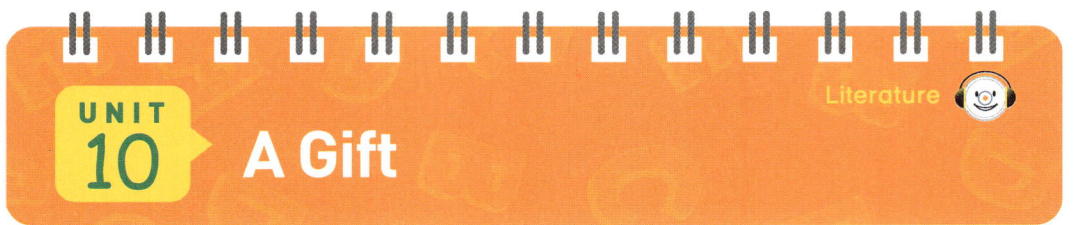
Carolyn's dad was waiting at the front door of the house.

He had a gift in his hand.

Carolyn ran to her dad.

"Dad, our new kitten comes tomorrow! He is so soft! He looks just like a cotton ball or a cloud," said Carolyn.

"Should we still call him Promise? If he is so soft, maybe we should call him Cloudy or Mr. Cotton," said Carolyn's dad.

"No. I already told him his name was Promise Jones," said Carolyn.

**1** What did Carolyn's dad have in his hand?

    ① a wallet  ② a gift  ③ a camera  ④ a cup

**2** What did Carolyn say the kitten looks like?

    ① a clown  ② a cotton ball or a cloud  ③ a tiger  ④ a dog

Writing Practice ✏️

**3** Why did her dad say that they should call the kitten Cloudy or Mr. Cotton?

----------------------------------------------------------------

**4** What did Carolyn already tell the kitten?

----------------------------------------------------------------

take care of 돌보다, 보살피다

pet 애완동물

after all 결국

soft 부드러운

hug 껴안다

brush 빗기다

join 함께하다

pound 동물 보호소

filled with ～로 가득 차다

behind ～뒤에

tummy 배

lick 핥다

scratchy 긁히는

cotton 면

Chapter **3** Science

Our solar system gets its name from the Sun.

Solar means 'of the sun'.

Our solar system is made up of our local star, the Sun, plus the eight major planets that orbit it and their moons.

It also includes asteroids, comets, and the gas and dust particles in the space between them!

The outermost region of the solar system is thought to be an area occupied by what is known as an Oort Cloud.

All the planets in our solar system move around the Sun in the same direction.

The solar system itself rotates around the Milky Way!

**1** What does 'solar' mean?

① of the moon  ② of the Earth  ③ of the stars  ④ of the sun

**2** Choose what is not included in our solar system.

① the Sun  ② asteroids  ③ mountains  ④ gas

Writing Practice ✏️

**3** What is the outermost region of the solar system occupied by?

-------------------------------------------------------------------

**4** What does the solar system itself rotate around?

-------------------------------------------------------------------

# UNIT 12
# The Planets are Moving

Each of the planets in our solar system revolves, or travels, around the Sun.

The planets circle the Sun along paths called orbits.

Because the planets are at different distances from the Sun, each one takes a different length of time to revolve once.

No two planets in our solar system are exactly alike.

The four inner planets-Mercury, Venus, Earth and Mars-all have rocky surfaces.

The four planets-Jupiter, Saturn, Uranus and Neptune-are gas giants.

**1** What does each of the planets in our solar system revolve around?

① the planet   ② the Sun   ③ the star   ④ the moon

**2** What are the paths along the Sun that the planets circle called?

① orbits   ② stars   ③ the moon   ④ the Earth

**3** Name the four planets that have rocky surfaces.

------------------------------------------------------------

**4** Name the four planets that are gas giants.

------------------------------------------------------------

Much of our nation has fertile soil, especially in its river valleys and its plains.

This rich soil helps farmers grow large amounts of food.

Every year, farmers in the United States grow wheat, corn, fruits, soybeans, and other crops.

Ranchers in the United States also depend on soil.

They need grasses and crops to feed their cattle and other livestock.

**1** Who grows wheat, corn, fruits, and soybeans?

① fishermen  ② teachers  ③ ranchers  ④ farmers

**2** What do ranchers in the United States need to feed their cattle and other livestock?

① grasses and crops  ② river valleys  ③ plains  ④ farmers

Writing Practice ✏️

**3** What do ranchers in the United States depend on?

-----------------------------------------------------------------

**4** Where in much of the United States is fertile soil?

-----------------------------------------------------------------

Trees grow well in many parts of our nation.

In fact, forests cover nearly one-third of the land in the United States.

People use trees to make homes and many wood products, such as furniture.

Pencils and the paper in this book are made from trees, too.

**1** How much part of the land do forests cover in the United States?

① one-fourth  ② one-fifth  ③ one-sixth  ④ one-third

**2** What do people use to make homes and many wood products, such as furniture?

① trees  ② water  ③ air  ④ soil

Writing Practice ✏️

**3** What is made from trees?

----------------------------------------------------------------

Minerals are natural substances found in rock.

Copper, gold, silver and other metals are minerals.

They are used to make wine, coins, pots, and jewelry.

Iron and marble are used to construct buildings.

Sand and gravel are used to build roads.

**1** Where are minerals found?

① in rock　② at home　③ in trees　④ in the sky

**2** What is not a mineral?

① copper　② silver　③ gold　④ trees

**3** What are used to construct buildings?

------------------------------------------------------

**4** What is used to build roads?

------------------------------------------------------

Other underground resources are fuels.

A fuel is a natural resource that is used to make heat or energy.

The United States has large amounts of oil, natural gas, and coal.

People use oil and natural gas to cook food, heat buildings, and run machines.

They use oil and coal at power plants to produce electricity.

Other industries use oil to make gasoline, plastics, paint, tires, and many other products.

**1** What is a natural resource that is used to make heat or energy?

① soil ② air ③ rock ④ fuel

**2** For what purpose do people use oil and natural gas?

① to make houses      ② to cook food

③ to make cars      ④ to make furniture

**3** Why do they use oil and coal at power plants?

--------------------------------------------------------------------------------

**4** Why do other industries use oil?

--------------------------------------------------------------------------------

Reptiles are adapted to changes in air temperature.

A reptile's body is cold when the air is cold.

A reptile's body is warm when the air is warm.

Reptiles can move quickly when they are warm.

A desert iguana is adapted to live in the hot, sunny desert.

Dark colors get hot in the sun.

Light colors stay cooler in the sun.

The light skin helps the desert iguana keep cool.

**1** **What are reptiles adapted to?**

① changes in air temperature

② changes in wind speed

③ changes in water temperature

④ changes in soil temperature

**2** **Where does a desert iguana live?**

① in the hot water  ② in the city

③ in the hot, sunny desert  ④ in the dark cold caves

Writing Practice ✏️

**3** **What colors stay cooler in the sun?**

------------------------------------------------

**4** **What helps the desert iguana keep cool?**

------------------------------------------------

Sometimes plants and animals help each other.

Some animals get shelter from plants.

Some ants live inside an acacia plant.

These ants protect the acacia plant from animals

that might eat it. If other animals try to eat this plant, the ants will bite them on the nose.

Some animals get protection from other animals.

Cardinal fish live near sea urchins.

The sharp spines of the sea urchin protect the fish.

The fish do not help or hurt the sea urchin.

**1** From where do some animals get shelter?

① house  ② plants  ③ sea  ④ soil

**2** What do the ants protect from animals that might eat it?

① the acacia plant  ② fish  ③ animals  ④ trees

**3** How do the ants protect the acacia plant?

-----------------------------------------------------------------

**4** What part of the sea urchin does protect the fish?

-----------------------------------------------------------------

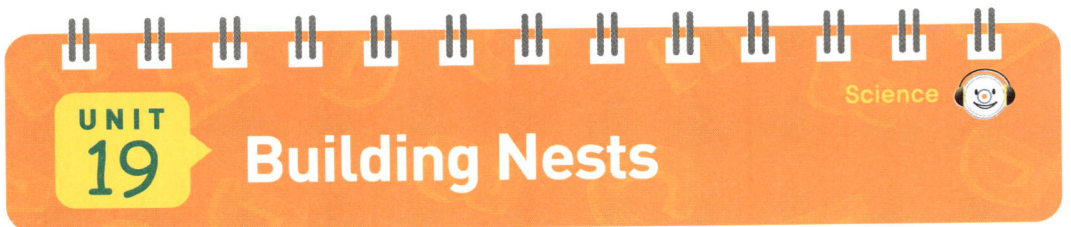

Some animals depend on plants and other animals to build nests.

Some animals use parts of plants.

Some animals use feathers or fur from other animals to build their nests.

Twigs and leaves are on the outside of the nest.

Dried grass, bark, feathers, and wool are on the inside of the nest.

Some owls that live in the desert build their nests in a cactus.

**1** What do some animals use to build nests?

① parts of plants, feathers or fur from other animals

② papers and rocks

③ water and plastic

④ ice and trees

**2** What is not used to build nests?

① twigs  ② leaves  ③ dried grass  ④ water

Writing Practice ✏️

**3** What are on the inside of the nest?

------------------------------------------------------------

**4** Where do some owls that live in the desert build their nests?

------------------------------------------------------------

# Sea Turtle Eggs

A sea turtle lives in the ocean.

A sea turtle crawls onto a beach to lay eggs.

A sea turtle uses its flippers to dig a hole in the sand. It lays eggs in the hole.

Then the sea turtle covers the eggs with sand.

The eggs lay in the sand for about two months.

Then the eggs are ready to hatch.

Baby turtles have a special tooth.

The tooth helps them break open the egg's shell.

Later, the tooth falls out.

**1** Why does a sea turtle crawl onto a beach?

① to eat sand  ② to breath  ③ to lay eggs  ④ to build a house

**2** What does a sea turtle use to dig a hole in the sand?

① its flippers  ② its teeth  ③ its nose  ④ its tail

Writing Practice ✏️

**3** How long do the eggs lay in the sand?

------------------------------------------------------------------------

**4** What does the special tooth of baby turtles do?

------------------------------------------------------------------------

The life cycles of insects are different from the life cycles of other animals.

Many young insects are called nymphs.

Nymphs look a lot like their parents, but their wings are still growing.

Nymphs shed their outside covering many times as they grow.

Dragonflies often lay eggs in the water.

A nymph hatches from the dragonfly egg.

First, the nymph lives in the water.

Then, the nymph crawls to the land.

**1** What are many young insects called?

① dragonflies ② butterflies ③ nymphs ④ eggs

**2** Where do dragonflies often lay eggs?

① in the water ② in the nest ③ in the sky ④ in the tree

Writing Practice ✏️

**3** Where does a nymph come from?

-----------------------------------------------------------------

**4** Where does a nymph crawl to after it lives in the water?

-----------------------------------------------------------------

Young animals often look like their parents in shape and color.

Yet some young animals look different from their parents.

Young penguins are covered with fuzzy down feathers.

The feathers become white and black as the penguin grows.

Giraffes have grown spots.

Each giraffe has its own pattern of spots.

No two patterns are the same.

The spots on the adult giraffe are darker than the spots on its young.

**1** What are young penguins covered with?

    ① fuzzy down feathers    ② thick skin

    ③ scales    ④ sharp needles

**2** How do the penguin's feathers become as the penguin grows?

    ① yellow  ② green  ③ white and black  ④ pink

Writing Practice ✏️

**3** What does each giraffe have?

-------------------------------------------------------------------------------

**4** How different are the spots on the adult giraffe from the spots on its young?

-------------------------------------------------------------------------------

solar 태양의

orbit 궤도, 궤도를 돌다

asteroid 소행성

comet 혜성

particle 입자

outermost 가장 외부의

the Milky Way 은하수

revolve 회전하다

fertile 비옥한

valley 골짜기

wheat 밀

crop 작물

depend on ~에 의존하다

cattle 소

livestock 가축

one-third 삼분의 일

substance 물질

copper 구리

pot 화분

marble 대리석

construct 건축하다

gravel 자갈

resource 자원

amount 양

coal 석탄

reptile 파충류

desert 사막

be adapted to ~에 적응하다

shelter 은신처

bite 물다

protection 보호

spine 등뼈, 가시

nest 둥지

feather 깃털

twig 작은 가지, 잔가지

bark 나무껍질

owl 올빼미

cactus 선인장

crawl 기다

flipper 물갈퀴

dig 파다

hatch 부화하다

fall out 빠지다

insect 곤충

nymph 유충

fuzzy 솜털이 보송보송한

spot 점

Chapter **4** Geography

A globe has the shape of a sphere or ball.

It is a model of Earth.

It shows Earth's major bodies of water and its continents.

Continents are the largest land masses.

Earth's seven continents from the largest to the smallest, are Asia, Africa, North America, South America, Antarctica, Europe, and Australia.

Halfway between the North Pole and the South Pole on a globe is a line called the equator.

**1** What shape is Earth?

① sphere  ② rectangular  ③ round  ④ triangle

**2** What is the largest land masses in Earth called?

① globe  ② water  ③ North Pole  ④ continents

**3** What is the largest continent?

------------------------------------------------------------

**4** What is the line halfway between the North Pole and the South Pole on a globe called?

------------------------------------------------------------

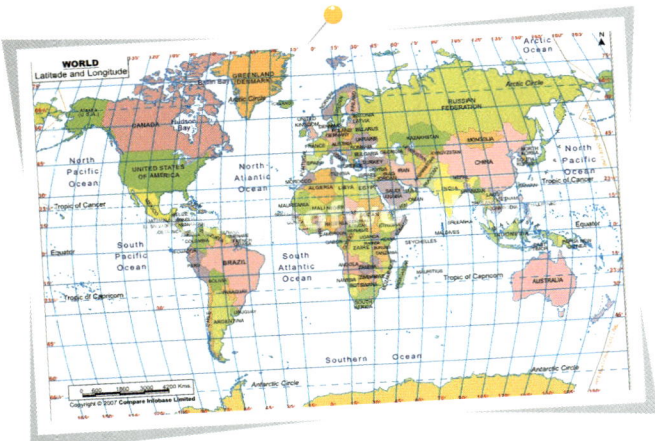

Maps give important information about the world around you.

A map is a drawing that shows all or part of Earth on a flat surface.

To help you read maps, map makers add certain features to their maps.

These features often include a title, a compass rose, a locator, and a map scale.

Map makers sometimes need to show certain places on a map in greater detail.

Sometimes they must also show places that are located beyond the area shown on a map.

**1** What is a drawing that shows all or part of Earth on a flat surface called?

① a map  ② the world  ③ a compass  ④ features

**2** What is not included in map features?

① a title  ② stars  ③ a compass rose  ④ a locator

Writing Practice ✏️

**3** What do map makers do to help you read maps?

-------------------------------------------------------------

**4** What must map makers do sometimes besides showing certain places on a map in greater detail?

-------------------------------------------------------------

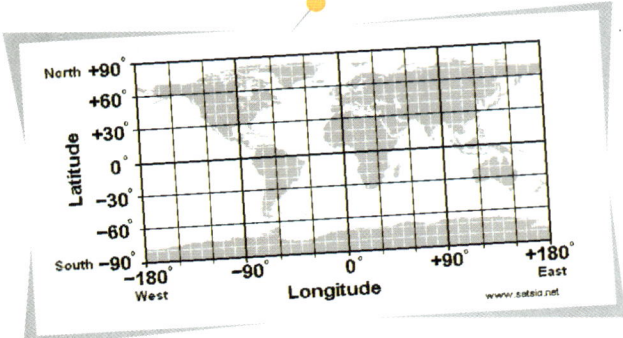

To describe a place's absolute location, you name the line of latitude and line of longitude closest to it.

Lines of latitude run east and west. The equator is a line of latitude.

It is marked 0 or zero degrees. All other lines of latitude are measured in degrees north or south from the equator.

Lines of longitude run north and south.

The prime meridian is a line of longitude.

Like the equator, it is marked 0.

All other lines of longitude are measured in degrees east or west from the prime meridian.

**1** What are the lines that run east and west over a map or globe called?

① latitude  ② longitude  ③ the equator  ④ the prime meridian

**2** What are the lines that run north and south over a map or globe called?

① latitude  ② longitude  ③ the equator  ④ the prime meridian

Writing Practice ✏️

**3** How are all other lines of latitude measured?

-----------------------------------------------------------------------

**4** How are all other lines of longitude measured?

-----------------------------------------------------------------------

Your trip starts on a sandy beach along the Atlantic Ocean.

The land here is flat and low.

In fact, you are standing at a sea level.

Land that is at sea level is level with the surface of the ocean.

**1** What is the name of the ocean that is located in the East of the United States?

① the Pacific Ocean          ② the Arctic Ocean

③ the Antarctic Ocean          ④ the Atlantic Ocean

**2** What is the land in the East of the United States like?

① sharp  ② round  ③ high  ④ low

Writing Practice ✏️

**3** In the east of the United States, where in fact are you standing at?

-------------------------------------------------------------------

**4** What level is the land that is at sea level?

-------------------------------------------------------------------

After you cross the Appalachian Mountains, you reach a huge area of low, greasy lands.

You are now on the Interior Plains.

These plains reach north from Mexico, through the Middle of the United States and into Canada.

**1** After you cross the Appalachian Mountains, where are you?

① the Ocean                    ② the Mountains

③ Canada                       ④ low and greasy lands

**2** What is the place that you reach after you cross the Appalachian Mountains?

① the Interior Plains  ② Mexico  ③ Canada  ④ the United States

Writing Practice ✏️

**3** From where do the Interior Plains reach north?

-----------------------------------------------------------------

**4** Where do the Interior Plains go through?

-----------------------------------------------------------------

The first mountains you see in the West are the Rocky Mountains.

These mountains are also called the Rockies.

They form North America's largest mountain range, or group of connected mountains.

The Rockies stretch more than 3,000 miles from Mexico all the way to Alaska. The Rockies are young mountains.

They are steep, rugged, and tall.

Wind and water have not yet worn down their peaks.

More than 40 peaks in Colorado are higher than 14,000 feet.

**1** What are the first mountains you see in the West?

   ① Great Smoky Mountains

   ② Himalayas

   ③ The Rocky Mountains

   ④ Sierra Nevada Mountains

**2** From where to where do the Rockies stretch?

   ① from Canada to the United States

   ② from Mexico to Alaska

   ③ from East to West

   ④ from Mexico to Canada

Writing Practice

**3** Are the Rockies old mountains?

-------------------------------------------------

**4** How high are the more than 40 peaks in Colorado?

-------------------------------------------------

Alaska is the largest state in America.

It is the coldest state.

It is two times a big as Texas and home to bears and eagles.

If you lived in Alaska you might see a blue glacier shining in the sun. Maybe you would see a bear, a moose, or even a pod of whales.

Juneau is the capital of Alaska, named after Joe Juneau.

He went to Alaska in search of gold.

Many people in Alaska like to make and eat special ice cream.

They mix berries with snow and seal oil.

**1** What is the largest state in America?

① Nevada  ② California  ③ Alaska  ④ Colorado

**2** What might you see if you lived in Alaska?

① moose  ② tigers  ③ lions  ④ snakes

Writing Practice ✏️

**3** How big is Alaska?

-------------------------------------------------------------------

**4** Why did Joe Juneau go to Alaska?

-------------------------------------------------------------------

President Lincoln was born in Kentucky.

He went to a log cabin school when he was a boy.

Kentucky is also the home of the Kentucky Derby.

This is a famous horse race.

Every May, horses race against each other.

In Kentucky, you can see the largest cave in the world.

The cave has an underground river!

You can take a boat trip down this dark river.

**1** Kentucky is the home of the famous horse race. What is the horse race called?

① the Kentucky Horse

② the Kentucky Doggie

③ the Kentucky Derby

④ the Kansas Derby

**2** Where was President Lincoln born?

① Texas  ② New York  ③ Washington  ④ Kentucky

Writing Practice ✏️

**3** Where did President Lincoln go to when he was a boy?

---

**4** What does Kentucky have?

---

Robert Frost was a famous poet.

He wrote many great poems.

He lived in Derry, New Hampshire.

Many of his poems are about nature.

In his poems, he writes about fields of snow.

He writes about leaves turning red in the fall.

He writes about paths in the woods where people have traveled.

Many of the ideas for his poems came from the land of New Hampshire.

**1** **Who was Robert Frost?**

① a famous song writer ② a famous singer

③ a famous poet ④ a famous doctor

**2** **Choose what Robert Frost didn't write about.**

① fields of snow

② leaves turning red in the fall

③ paths in the woods where people have traveled

④ buildings in the city

Writing Practice ✏️

**3** **Where did many of the ideas for his poems come from?**

--------------------------------------------------------

**4** **What are many of his poems about?**

--------------------------------------------------------

Montana is called 'Big Sky Country'.

The big, blue sky seems to meet the land.

One thing to visit here is Grasshopper Glacier.

Millions of grasshoppers are frozen in the glacier ice for you to see.

Montana has more than 50 mountain ranges.

Rocky Mountain goats call the rocks home.

These white and furry goats can walk on sharp rocks.

The goats are hard to see because they live so high up on the rocks.

**1** What is the state called 'Big Sky Country'?

① Montana  ② Nevada  ③ Alaska  ④ Minnesota

**2** What is frozen in the glacier ice in Montana?

① flies  ② rats  ③ ants  ④ grasshoppers

Writing Practice ✏️

**3** What do Rocky Mountain goats call the rocks?

--------------------------------------------------------

**4** Why are the goats hard to see?

--------------------------------------------------------

Texas is so big that it has two time zones.

That means if you lived on one side of the state and grandma lived on the other you wouldn't want to call too late!

Big Bend National Park in Texas is a great place to visit.

It has more birds and bats than any other U.S. Park.

If you visit, you might see horned toads, armadillos, and prairie dogs.

All roads in the park end at the Rio Grande River.

**1** What does Texas have because it is so big?

① two time zones ② two names ③ two states ④ two deserts

**2** If you visit Big Bend National Park, what might you see?

① monkeys ② cats ③ bats ④ tigers

Writing Practice ✏️

**3** What might you also see if you visit Big Bend National Park?

----------------------------------------------------------------

**4** Where do all roads in the park end at?

----------------------------------------------------------------

Rhode Island is the smallest state in America.

It is nicknamed 'Little Rhody'.

If you visit, you might want to ride America's oldest merry-go-round in

Watch Hill. Maybe you'd want to take a ferry ride to Block Island. This is a tiny island off the coast.

French pirates are said to have landed there.

Captain Kidd's gold is thought to still be buried on the beautiful island.

**1** What is the smallest state in America called?

　① Oregon　② Alaska　③ Texas　④ Rhode Island

**2** What should you take to go to Block Island?

　① a ferry　② a bicycle　③ a train　④ a bus

Writing Practice ✏️

**3** Who is said to have landed in Block Island?

-------------------------------------------------------------

**4** What is thought to still be buried on Block Island?

-------------------------------------------------------------

Vermont gets its name from two French words.

Vert means green and mont means mountain.

Vermont is known as the 'Green Mountain' state.

If you go to Vermont you should see a sugarhouse.

A sugarhouse is where maple tree sap is turned into maple syrup.

Try some on your pancakes.

You can also hike up the Bread Loaf Mountain.

This mountain looks like a green loaf of bread!

**1** **Where does Vermont get its name?**

① from two English words

② from two Spanish words

③ from two Japanese words

④ from two French words

**2** **What do 'Vert' and 'Mont' mean?**

① green and mountain　　② blue and sea

③ yellow and soil　　④ red and the Sun

Writing Practice ✏️

**3** **What happens in a sugarhouse?**

-----------------------------------------------------

**4** **What does the Bread Loaf Mountain look like?**

-----------------------------------------------------

# KEY WORDS

globe 지구본

sphere 구

continent 대륙

equator 적도

map 지도

feature 특징

compass rose [항해]나침도
(해도상의 원형 방위도)

absolute 절대적인, 정확한

latitude 위도

longitude 경도

prime meridian 본초자오선

greasy 기름진, 비옥한

steep 가파른

rugged 울퉁불퉁한

worn down 닳은

peaks 꼭대기

home to ～의 본고장

glacier 빙하

in search of ～을 찾아서

cabin 오두막

cave 동굴

poem 시

millions of 수백만의

frozen 얼어붙은

furry 털로 덮인

horned toads 뿔도마뱀

merry-go-round 회전목마

take a ferry ride 페리를 타다

pirate 해적

bury 묻다

sugarhouse 제당소

loaf 덩어리

Chapter **5** Math

**Directions**

Read each story problem below. Solve each problem by adding or subtracting.

**1** Little Critter had 24 baseball cards. He gave 12 to Gator. How many cards did little Critter have left?

----------------------------------

**2** Little Sister picked 24 strawberries. Grandma picked 35 more. How many strawberries did they have in all?

----------------------------------

**3** Bun Bun found 15 shells at the beach. She has 23 shells at home. How many shells does she have in all?

----------------------------------

**4** Malcolm's uncle Thomas lives 58 miles away. Malcolm and his family have already driven 33 miles toward Uncle Thomas's house. How many miles do they have left to drive?

----------------------------------

90

## Directions

Draw an X on the word that does not belong in each group.

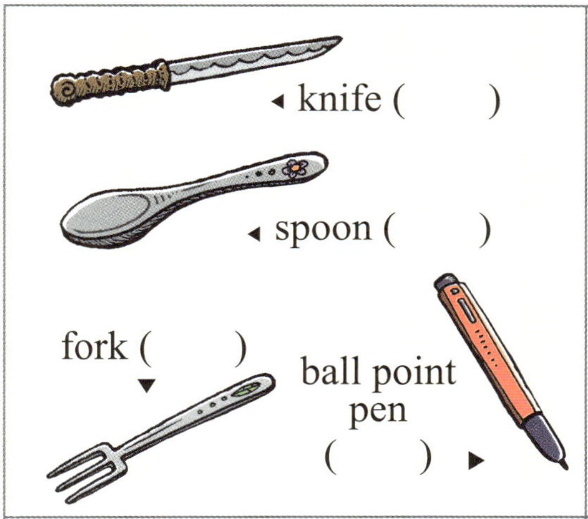

◄ knife (    )

◄ spoon (    )

fork (    )
▼

ball point pen
(    ) ▶

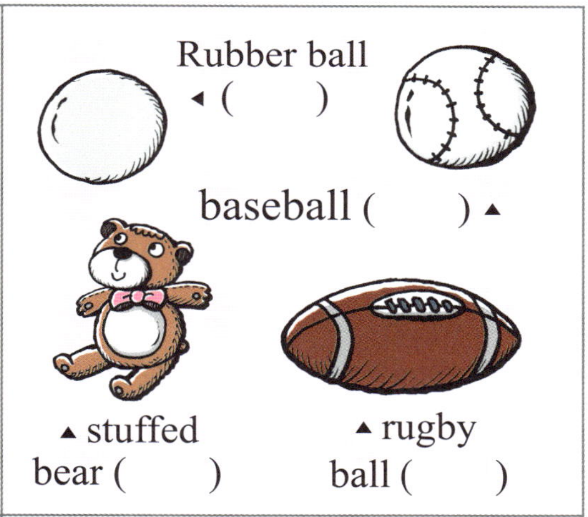

Rubber ball
◄ (    )

baseball (    ) ▲

▲ stuffed bear (    )

▲ rugby ball (    )

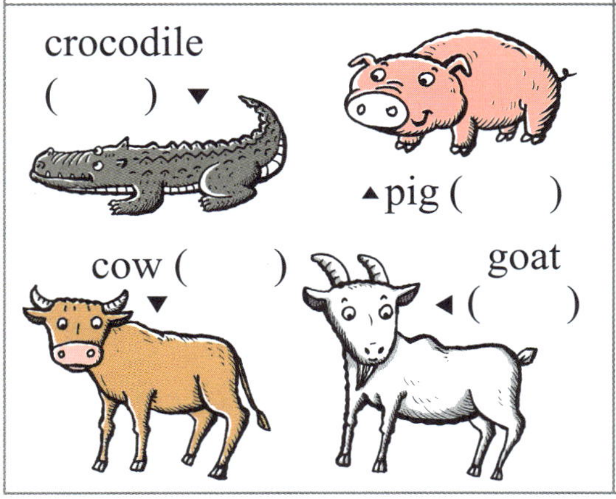

crocodile
(    ) ▼

▲ pig (    )

cow (    )
▼

goat
◄ (    )

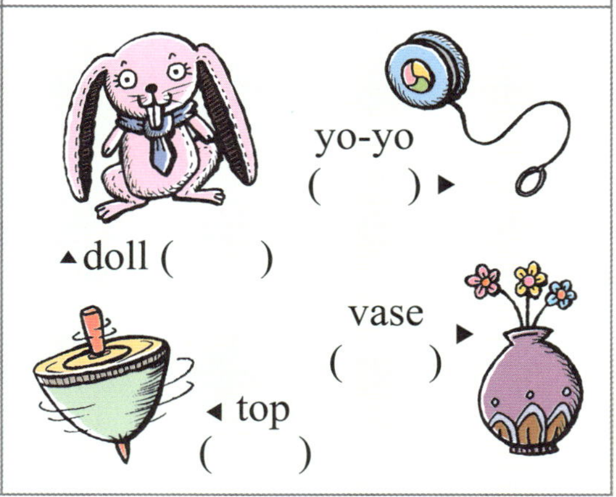

yo-yo
(    ) ▶

▲ doll (    )

vase
(    ) ▶

◄ top
(    )

**UNIT 38** Comparing Numbers

**Directions**

Write ⟨ or ⟩ in each circle.

**1** Seventy five ◯ eighty two

**2** thirty nine ◯ forty one

**3** Twenty six ◯ fifteen

**4** forty five ◯ twenty four

**5** Sixty five ◯ nineteen

**6** fifty five ◯ ninety eight

The short hand of the clock tells hour, the long hand tells how many minutes have passed in an hour. When the minute hand is on the 6, it is at the half-hour mark.

**Directions 1** Draw hands on each face clock to match the time with the clock on the left.

One thirty

Three thirty

**Directions 2** Draw lines to watch the face clocks and the digital clocks that show the same time.

Five thirty

Four thirty

**Directions**    This picture graph shows the number of animals that grandpa has on his farm. Look at the graph and answer the questions in English.

| | | | | | | |
|---|---|---|---|---|---|---|
| Pigs | 🐖 | 🐖 | 🐖 | 🐖 | 🐖 | |
| Cows | 🐄 | 🐄 | | | | |
| goats | 🐐 | 🐐 | 🐐 | 🐐 | 🐐 | 🐐 |
| sheep | 🐑 | 🐑 | 🐑 | 🐑 | 🐑 | |

**1** How many sheep does grandpa have?

-------------------------------------

**2** How many goats does grandpa have?

-------------------------------------

**3** Which animal does grandpa have the most of?

-------------------------------------

**4** Which animal does grandpa have the least of?

-------------------------------------

**5** How many animal does grandpa have in all?

-------------------------------------

Directions    There are twelve months in a year. August is the eighth month of the year. Answer the questions about the calendar below.

| August | | | | | | |
|--------|--------|---------|-----------|----------|--------|----------|
| Sunday | Monday | Tuesday | Wednesday | Thursday | Friday | Saturday |
| | | | 1 | 2 | 3 | 4 |
| 5 | 6 | 7 | 8 | 9 | 10 | 11 |
| 12 | 13 | 14 | 15 | 16 | 17 | 18 |
| 19 | 20 | 21 | 22 | 23 | 24 | 25 |
| 26 | 27 | 28 | 29 | 30 | 31 | |

1 How many days are in the month of August?

-----------------------------------

2 On what day does August 8th fall?

-----------------------------------

3 How many Fridays are in this month?

-----------------------------------

4 How many full weeks are in this month?

-----------------------------------

5 What month comes before August?

-----------------------------------

6 On what day does August 28 fall?

-----------------------------------

7 What date is exactly one week after August 14th?

-----------------------------------

Math

adding 덧셈

subtracting 뺄셈

solve 풀다

shell 껍데기

belong ~에 속하다

rubber 고무

stuffed 꽉 채운

crocodile 악어

vase 꽃병

comparing 비교하기

## Answer

## 사회

### UNIT 01 미국

미국인들은 누구인가? - 최초의 미국인들

어떻게 그리고 언제 최초로 사람들이 미국으로 건너왔는지 확실히 아는 사람은 없습니다. 여기에는 많은 설들이 있습니다. 그 중 하나는 오래 전에 사냥꾼들이 아시아에서 북아메리카로 건너왔다는 것입니다. 수천 년 동안 점점 더 많은 사람들이 뒤를 이었습니다. 북아메리카에 도착한 초기의 사람들은 계속해서 동쪽과 남쪽으로 이동했습니다. 세월이 흘러, 오늘날 미국 원주민 혹은 미국 인디언이라 불리는 사람들이 북아메리카와 남아메리카에 걸쳐 정착했습니다.

#### 읽기 연습

1. 최초의 미국인들은 누구입니까?
① 유럽인  ② 아시안
③ 어떻게 그리고 언제 최초로 사람들이 미국으로 건너왔는지 확실히 아는 사람은 없다.
④ 라틴계 남자

2. 북아메리카에 도착한 초기 사람들을 오늘날 무엇이라고 부르나요?
① 미국 원주민  ② 유럽인  ③ 아시안  ④ 아프리카계 미국인

#### 쓰기 연습

3. 어떻게 그리고 언제 최초로 사람들이 미국으로 건너왔는지에 대한 한 가지 설을 얘기해 보세요.

4. 미국 원주민 혹은 미국 인디언들은 어디에 정착했나요?

#### 해답

1. ③  2. ①  3. Long ago, hunters traveled to North America from Asia.
4. They settled across North America and South America.

### UNIT 02 미국 정부 - 헌법

조지 워싱턴과 벤자민 프랭클린 그리고 53명의 지도자들이 4달간 일을 추진했습니다. 마침내 그들은 헌법 혹은 정부안에 합의했습니다. 헌법은 미국의 민주주의가 어떻게 이루어지는지 설명해 줍니다. 민주주의에서는 국민들이 자신들을 이끌 지도자를 선출할 수 있습니다. 이렇게 해서 미국은 공화국이 되고 공화국은 국민들로부터 힘을 얻습니다. 사실상 헌법이 시작되는 것입니다.

#### 읽기 연습

1. 4달 동안 일해서 정부의 계획에 합의한 사람은 누구인가요?
① 조지 부시  ② 버락 오바마
③ 벤자민 프랭클린  ④ 빌 클린턴

2. 정부의 계획을 무엇이라 부르나요?
① 헌법  ② 대통령  ③ 주지사  ④ 하원의원

#### 쓰기 연습

3. 헌법은 무엇을 하나요?

4. 국민에게서 힘을 얻는 정부를 무엇이라 부르나요?

#### 해답

1. ③  2. ①  3. It explains how our nation's democracy works.  4. a republic

### UNIT 03 지역

미국은 50개의 주로 이루어져 있습니다. 각 주는 정확한 국경이 있는 정치적인 지역입니다. 사람들은 종종 주를 묶어서 지역으로 그룹을 짓습니다. 이렇게 함으로써 미국을 공부하기가 한결 쉬워집니다. 이 책에서는 모든 주를 다섯 개의 큰 지역으로 나눕니다.- 북동부, 남동부, 중서부, 남서부, 그리고 서부. 각 지역을 구성하는 주들은 모두 미국의 같은 파트 안에 위치해 있습니다. 그들은 비슷한 물리적 특징, 경제 그리고 생활 방식을 공유합니다.

#### 읽기 연습

1. 미국은 몇 개의 주로 이루어져 있나요?
① 45  ② 50  ③ 55  ④ 60

2. 사람들은 주를 무엇으로 그룹짓나요?
① 지역  ② 국경  ③ 도시  ④ 마을

#### 쓰기 연습

3. 5개의 넓은 지역은 무엇인가요?

4. 5개의 지역은 어떤 유사한 점들을 가지고 있나요?

#### 해답

1. ② 2. ① 3. the Northeast, the Southeast, the Midwest, the Southwest, and the West
4. physical features, economies and ways of life

## 문학

### UNIT 04 애완동물을 위한 시간

캐롤린은 자기 방으로 돌아갔습니다. 막 새 학기가 시작되었습니다. 새 선생님은 그녀에게 숙제를 많이 내 주셨습니다. 캐롤린은 읽어야 할 책도 많고 써야 할 이야기도 많았습니다. 반 전체가 연극도 해야 합니다. 아마 그녀는 결국 애완동물을 돌볼 시간이 없을 것입니다. 캐롤린은 곰인형을 꼭 껴안았습니다. "곰인형아, 내가 뭘 어쩌면 좋겠니?" 하고 그녀는 물었습니다. 그러나 곰인형은 아무 말도 하지 않았습니다. 왜냐하면 곰인형은 살아 있지 않으니까요.

#### 읽기 연습

1. 캐롤린은 방에서 무엇을 해야 하나요?
① 숙제 ② 연극 ③ 잠자기 ④ 먹기

2. 그녀의 숙제는 무엇이었나요?
① 아기 돌보기 ② 놀기 ③ 책읽기와 글쓰기 ④ 곰인형에게 말걸기

#### 쓰기 연습

3. 캐롤린은 누구에게 말했나요?

4. 왜 금인형은 아무 말도 하지 않았나요?

##### 해답

1. ① 2. ③ 3. She talked to her teddy bear.
4. Because he wasn't real.

### UNIT 05 똑똑

"똑똑" 하고 캐롤린의 아빠가 말했습니다. 그는 문 입구에 서 있었습니다. "캐롤린, 안녕. 엄마가 그러는데, 애완동물을 갖고 싶다며. 무슨 동물을 갖고 싶은데?" "안녕, 아빠. 고양이나 강아지처럼 부드러운 동물을 갖고 싶어요."라고 캐롤린은 말했습니다. "음, 개나 고양이 같은 동물은 손이 많이 가는데."라고 존스 씨가 말했습니다. "애완거북이나 예쁜 물고기가 담긴 어항은 어떠니?"

하지만 캐롤린은 슬펐습니다. 거북이나 물고기는 결코 안을 수 없다는 걸 알기 때문이죠.

#### 읽기 연습

1. 캐롤린은 무엇을 원하나요?
① 책 ② 가방 ③ 자전거 ④ 애완동물

2. 캐롤린은 어떤 종류의 애완동물을 원하나요?
① 거북이 ② 물고기 ③ 고양이나 강아지 ④ 곰

#### 쓰기 연습

3. 캐롤린의 아빠는 애완동물로 무엇을 언급했나요?

4. 왜 캐롤린은 슬펐나요?

##### 해답

1. ④ 2. ③ 3. He mentioned a pet turtle or a fish tank with lots of pretty fish. 4. Because she knew she could never hug a turtle or a fish.

### UNIT 06 예스 혹은 노?

캐롤린은 밤새 침대에서 뒤척였습니다. 그녀는 자신이 애완동물을 잘 돌볼 수 있음을 알고 있었습니다. 캐롤린은 부모님이 허락해 주길 바랐습니다. 그녀는 애완동물에게 신선한 물을 줄 것입니다. 털도 빗겨 줄 것입니다. 그리고 언제나 사랑해 줄 것입니다. 캐롤린의 성은 존스입니다. 그래서 그녀의 새 애완동물 이름은 '프로미스 존스'로 지을 것입니다. 그녀는 이미 그 이름이 맘에 들었습니다.

#### 읽기 연습

1. 캐롤린은 무엇을 알았나요?
① 그녀가 애완동물을 잘 돌볼 수 있다는 것
② 그녀가 침대에서 뒤척인 것
③ 그녀가 아침 일찍 일어날 수 있다는 것
④ 그녀가 숙제를 할 수 있다는 것

2. 캐롤린의 성은 무엇입니까?
① 프로미스 ② 존스 ③ 린다 ④ 제스

#### 쓰기 연습

3. 그녀의 새 애완동물의 이름은 무엇이 될까요?

4. 그 이름에 대해서 그녀는 어떻게 생각하나요?

**해답** --------------------------------------------

1. ① 2. ② 3. Promise Jones 4. She liked the name already.

## UNIT 07  진짜 애완동물

캐롤린의 아빠가 부엌으로 들어왔습니다. 그의 얼굴에 미소가 번져 있었습니다. 캐롤린은 의자에서 팔짝 뛰었습니다. 그녀의 아빠는 뭔가 좋은 얘기를 할 때처럼 미소를 짓고 있었습니다. "캐롤린, 엄마랑 밤새 애완동물에 대해 얘기했단다."라고 아빠가 말했습니다. "만약 네가 애완동물을 잘 돌보겠다고 약속한다면, 한 마리 사기로 했다." 캐롤린은 달려가 아빠를 안았습니다. 캐롤린의 엄마도 같이 안았습니다. 존스 가족은 곧 진짜 애완동물을 얻게 될 것입니다.

읽기 연습

1. 캐롤린은 어디에 앉아 있었나요?
① 그녀의 방  ② 부엌에 있는 그녀의 의자  ③ 거실  ④ 서재

2. 부엌으로 들어왔을 때 아빠의 기분은 어땠나요?
① 화난  ② 행복한  ③ 슬픈  ④ 놀란

쓰기 연습

3. 아빠가 애완동물에 대해 얘기한 후 그녀는 무엇을 했나요?

4. 캐롤린이 달려가 아빠를 안은 후 그녀의 엄마는 무엇을 했나요?

**해답** --------------------------------------------

1. ② 2. ② 3. She ran to her dad and hugged him.
4. She joined the hug.

## UNIT 08  동물 보호소

캐롤린과 그녀의 엄마는 우리가 열을 지어 가득 차 있는 큰 방으로 들어갔습니다. 창살 뒤에는 생김새와 크기가 제각각인 많은 동물이 있었습니다. 뚱뚱한 개, 마른 개, 털복숭이 개, 그리고 고양이 우리들이 있었습니다. 캐롤린은 창살 속으로 손을 뻗었습니다. 그녀는 자고 있는 아기 고양이를 쓰다듬었습니다. 아기 고양이의 배가 위아래로 움직였습니다. 그 때, 뚱뚱한 고양이가 캐롤린의 손을 핥았습니다. 혓바닥이 그녀의 손에 까칠하게 느껴졌습니다.

읽기 연습

1. 캐롤린과 그녀의 엄마는 어디에 갔습니까?
① 동물 보호소  ② 학교  ③ 운동장  ④ 동물원

2. 방은 무엇으로 가득 차 있었나요?
① 쿠키  ② 장난감  ③ 열을 지은 우리  ④ 아이들

쓰기 연습

3. 캐롤린은 무엇을 쓰다듬었나요?

4. 뚱뚱한 고양이가 무엇을 했나요?

**해답** --------------------------------------------

1. ① 2. ③ 3. She petted a sleeping kitten.
4. It licked Carolyn's hand.

## UNIT 09  프로미스 존스

캐롤린은 어찌해야 좋을지 몰랐습니다. 많은 동물들이 집이 필요했지만 그녀는 한 마리만 데려갈 수 있었습니다. 캐롤린은 자고 있는 아기 고양이에게 되돌아갔습니다. 아기 고양이는 마치 아기 구름 같았습니다. 아기 고양이는 부드러운 털로 된 작은 공 같았습니다. 그녀는 우리 속으로 손을 뻗어 아기 고양이를 천천히 쓰다듬었습니다. "너를 데려갈게." 하고 그녀가 말했습니다. "네 이름은 프로미스 존스야." 바로 그 때, 아기 고양이가 캐롤린을 올려다보았습니다.

읽기 연습

1. 캐롤린은 몇 마리나 집으로 데려갈 수 있었나요?
① 두 마리  ② 세 마리  ③ 네 마리  ④ 한 마리

2. 자고 있던 아기 고양이는 무슨 색이었나요?
① 흰색  ② 검은색  ③ 노란색  ④ 갈색

쓰기 연습

3. 자고 있는 아기 고양이는 무엇처럼 보였나요?

4. 캐롤린은 자고 있던 아기 고양이에게 무엇을 했나요?

**해답** --------------------------------------------

1. ④ 2. ①
3. It looked like a baby cloud.
4. She petted it slowly.

## UNIT 10  선물

캐롤린의 아빠는 현관문 앞에서 기다리고 있었습니다. 그는 손에 선물을 들고 있었습니다. 캐롤린은 아빠에게 달려갔습니다. "아빠, 내일 고양이가 와요! 너무 부드러워요! 면으로 된 공이나 구름처럼 생겼어요."라고 캐롤린은 말했습니다. "고양이를 프로미스라고 부를 거니? 만약 그렇게 부드럽다면, 클라우디나 미스터 코튼으로 부르는 건 어떠니."라고 아빠가 말했습니다. "아녜요. 이미 고양이에게 네 이름이 프로미스라고 말했는걸요."라고 캐롤린은 말했습니다.

### 읽기 연습

1. 캐롤린의 아빠는 손에 무엇을 들고 있었나요?
① 지갑  ② 선물  ③ 카메라  ④ 컵

2. 캐롤린은 아기 고양이가 무엇처럼 생겼다고 말했나요?
① 어릿광대  ② 면으로 된 공이나 구름  ③ 호랑이  ④ 개

### 쓰기 연습

3. 왜 아빠는 아기 고양이를 클라우디나 미스터 코튼으로 부르는 게 어떠냐고 말했나요?

4. 캐롤린은 아기 고양이에게 이미 무엇이라고 말했나요?

### 해답

1. ②  2. ②  3. Because he is so soft.  4. She already told him his name was Promise Jones.

## 과학

## UNIT 11  우리 태양계

우리 태양계는 태양에서 비롯된 이름입니다. 솔라는 '태양의'라는 뜻입니다. 우리 태양계는 별, 태양 그리고 태양 주위를 도는 8개의 주요 행성과 그 행성의 위성들로 구성되어 있습니다. 또한 우리 태양계에는 소행성, 혜성, 그리고 그들 사이의 공간에 존재하는 가스와 먼지 입자들도 포함됩니다! 태양계의 가장 외곽은 오르트 성운이라 알려진 것으로 꽉 차 있는 지역으로 추정됩니다. 우리 태양계 안의 행성들은 모두 같은 방향으로 태양 주위를 돕니다. 태양계 자체는 은하수 주위를 돕니다!

### 읽기 연습

1. '솔라'는 무슨 뜻인가요?
① 달의  ② 지구의  ③ 별의  ④ 태양의

2. 우리 태양계에 포함되지 않는 것을 고르세요.
① 태양  ② 소행성  ③ 산맥  ④ 가스

### 쓰기 연습

3. 태양계의 가장 외곽은 무엇으로 꽉 차 있나요?

4. 태양계 자체는 무엇의 주위를 도나요?

### 해답

1. ④  2. ③  3. It is occupied by what is known as an Oort Cloud.  4. It rotates around the Milky Way.

## UNIT 12  행성들이 움직이고 있다

우리 태양계의 각 행성들은 태양 주위를 회전하거나 여행합니다. 행성들은 궤도라고 불리는 길을 따라 태양 주위를 돕니다. 행성들은 태양으로부터 각기 다른 거리에 있기 때문에 한 번 회전하는 데 걸리는 시간도 각각 다릅니다. 우리 태양계의 어떤 행성도 똑같지 않습니다. 안쪽에 있는 네 개의 행성–수성, 금성, 지구 그리고 화성–은 모두 바위가 있어 표면이 울퉁불퉁합니다. 다른 네 개의 행성–목성, 토성, 천왕성 그리고 해왕성–은 모두 가스로 이루어져 있습니다.

### 읽기 연습

1. 우리 태양계의 각 행성들은 무엇의 주위를 회전하나요?
① 행성  ② 태양  ③ 별  ④ 달

2. 행성들이 도는 태양 주위의 길을 무엇이라 부르나요?
① 궤도  ② 별  ③ 달  ④ 지구

### 쓰기 연습

3. 표면에 바위가 있는 행성 네 개의 이름을 적으세요.

4. 가스로 이루어진 행성 네 개의 이름을 적으세요.

### 해답

1. ②  2. ①  3. Mercury, Venus, Earth and Mars
4. Jupiter, Saturn, Uranus and Neptune

## UNIT 13  토양

미국의 많은 땅은 비옥한데, 특히 강의 계곡과 평원에 있는 땅은

더욱 그렇습니다. 이 비옥한 토양 덕분에 농부들은 많은 곡식을 기를 수 있습니다. 매년, 미국의 농부들은 밀, 옥수수, 과일, 콩, 기타 다른 작물들을 기릅니다. 미국의 목장 경영자들 또한 토양에 의존합니다. 그들은 소와 다른 가축들에게 먹일 풀과 작물들이 필요합니다.

1. 누가 밀, 옥수수, 과일 그리고 콩을 기르나요?
① 어부  ② 교사  ③ 목장 경영자  ④ 농부

2. 미국의 목장 경영자들은 소와 다른 가축들에게 먹일 무엇이 필요한가요?
① 풀과 작물  ② 강의 계곡  ③ 평원  ④ 농부

**쓰기 연습** 🖉

3. 미국의 목장 경영자들은 무엇에 의존하나요?

4. 미국의 많은 땅 중 어느 곳에 비옥한 토양이 있나요?

**해답** - - - - - - - - - - - - - - - - - - - - - - - - - - - - -

1. ④  2. ①  3. They depend on soil.
4. It is especially in its river valleys and its plains.


# UNIT 14  나무

나무들이 미국의 여러 곳에서 잘 자라고 있습니다. 사실, 숲은 미국의 거의 3분의 1을 덮고 있습니다. 사람들은 집이나 가구 같은 많은 목공품을 만들기 위해 나무를 이용합니다. 연필과 이 책의 종이 역시 나무로 만들어집니다.

**읽기 연습** 📖

1. 미국의 얼마나 많은 부분이 숲으로 덮여 있나요?
① 4분의 1  ② 5분의 1  ③ 6분의 1  ④ 3분의 1

2. 사람들은 집이나 가구 같은 많은 목공품을 만들기 위해 무엇을 이용하나요?
① 나무  ② 물  ③ 공기  ④ 토양

**쓰기 연습** 🖉

3. 나무로 만들어지는 것들에는 무엇이 있나요?

**해답** - - - - - - - - - - - - - - - - - - - - - - - - - - - - -

1. ④  2. ①  3. pencils and papers


# UNIT 15  미네랄

미네랄은 바위에서 발견되는 천연물질입니다. 구리, 금, 은, 기타 다른 금속들이 미네랄입니다. 이것들은 철사, 동전, 화분, 그리고 보석류들을 만드는 데 사용됩니다. 철과 대리석은 건물을 짓는 데 사용됩니다. 모래와 자갈은 도로를 건설하는 데 사용됩니다.

**읽기 연습** 📖

1. 미네랄은 어디에서 발견되나요?
① 바위  ② 집  ③ 나무  ④ 하늘

2. 미네랄이 아닌 것은 무엇인가요?
① 구리  ② 은  ③ 금  ④ 나무

**쓰기 연습** 🖉

3. 건물을 짓는 데 무엇이 사용되나요?

4. 도로를 건설하는 데 무엇이 사용되나요?

**해답** - - - - - - - - - - - - - - - - - - - - - - - - - - - - -

1. ①  2. ④  3. iron and marble  4. sand and gravel


# UNIT 16  연료

다른 지하자원들은 연료입니다. 연료는 열이나 에너지를 만드는 데 사용되는 천연자원입니다. 미국에는 많은 양의 석유, 천연가스 그리고 석탄이 있습니다. 사람들은 요리, 건물 난방, 그리고 기계를 돌리는 데 석유와 천연가스를 사용합니다. 사람들은 전기를 생산하기 위해 발전소에서 석유와 석탄을 사용합니다. 다른 산업 분야에서는 가솔린, 플라스틱, 페인트, 타이어, 기타 많은 다른 제품들을 만들기 위해 석유를 사용합니다.

**읽기 연습** 📖

1. 열이나 에너지를 만드는 데 사용되는 천연자원은 무엇입니까?
① 토양  ② 공기  ③ 바위  ④ 연료

2. 사람들은 어떤 목적으로 석유와 천연가스를 사용하나요?
① 집을 짓기 위해  ② 요리를 하기 위해
③ 차를 만들기 위해  ④ 가구를 만들기 위해

**쓰기 연습** 🖉

3. 발전소에서는 왜 석유와 석탄을 사용하나요?

4. 다른 산업 분야에서는 왜 석유를 사용하나요?

----------------------------------

1. ④  2. ②  3. to produce electricity  4. to make gasoline, plastics, paint, tires, and many other products

## UNIT 17  파충류들이 적응하는 몇 가지 방법은 무엇인가요?

파충류들은 기온의 변화에 적응합니다. 공기가 차가우면 파충류의 몸도 차가워집니다. 공기가 따뜻하면 파충류의 몸도 따뜻해집니다. 파충류들은 자기 몸이 따뜻해지면 빨리 움직일 수 있습니다. 사막이구아나는 뜨겁고 햇볕이 내리쬐는 사막 생활에 적응합니다. 어두운 색은 태양 아래에서는 뜨거워집니다. 밝은 색은 태양 아래에서 시원함을 유지합니다. 밝은 피부색은 사막이구아나가 몸을 시원하게 유지하게 돕습니다.

### 읽기 연습

1. 파충류들은 무엇에 적응하나요?
① 기온의 변화  ② 풍속의 변화
③ 수온의 변화  ④ 토양 온도의 변화

2. 사막이구아나는 어디에 사나요?
① 뜨거운 물 속  ② 도시
③ 뜨겁고 햇볕이 내리쬐는 사막  ④ 어둡고 추운 동굴

### 쓰기 연습

3. 무슨 색이 태양 아래에서 시원함을 유지하게 하나요?

4. 사막이구아나가 몸을 시원하게 유지하게 돕는 것은 무엇인가요?

----------------------------------

1. ①  2. ③  3. light colors  4. the light skin

## UNIT 18  식물과 동물은 서로 어떻게 돕나요?

때때로 식물과 동물은 서로 돕습니다. 어떤 동물들은 식물에게서 은신처를 구합니다. 어떤 개미들은 아카시아 나무 안에 삽니다. 이 개미들은 아카시아 나무를 먹을지도 모르는 동물들로부터 아카시아 나무를 보호합니다. 만약 다른 동물들이 아카시아 나무를 먹으려고 하면, 개미들은 그들의 코를 물어 버립니다. 어떤 동물들은 다른 동물들에게 보호를 받기도 합니다. 도화돔은 성게 근처에 삽니다. 성게의 날카로운 가시가 도화돔을 보호합니다. 도화돔은 성게를 도와 주지도, 해치지도 않습니다.

### 읽기 연습

1. 어떤 동물들은 어디에서 은신처를 구하나요?
① 집  ② 식물  ③ 바다  ④ 흙

2. 개미들은 무엇을 먹으려고 하는 동물로부터 그것을 보호하나요?
① 아카시아 나무  ② 물고기  ③ 동물  ④ 나무

### 쓰기 연습

3. 개미들은 아카시아 나무를 어떻게 보호하나요?

4. 성게의 어떤 부분이 도화돔을 보호하나요?

----------------------------------

1. ②  2. ①  3. If other animals try to eat this plant, the ants will bite them on the nose.
4. the sharp spines of the sea urchin

## UNIT 19  둥지 짓기

어떤 동물들은 둥지를 짓기 위해 식물이나 다른 동물들에게 의존합니다. 어떤 동물들은 식물을 사용합니다. 어떤 동물들은 둥지를 짓기 위해 다른 동물의 깃털이나 털을 사용합니다. 잔가지와 나뭇잎은 둥지 바깥에 둡니다. 마른 풀과 나무껍질, 깃털 그리고 털은 둥지 안쪽에 둡니다. 사막에 사는 어떤 올빼미는 선인장 안에 둥지를 짓습니다.

### 읽기 연습

1. 어떤 동물들은 둥지를 짓는 데 무엇을 사용하나요?
① 식물, 다른 동물의 깃털이나 털  ② 종이와 돌
③ 물과 플라스틱  ④ 얼음과 나무

2. 둥지를 짓는 데 사용되지 않는 것은 무엇인가요?
① 잔가지  ② 나뭇잎  ③ 마른 풀  ④ 물

### 쓰기 연습

3. 둥지 안쪽에는 무엇이 있습니까?

4. 사막에 사는 어떤 올빼미는 어디에 둥지를 짓습니까?

----------------------------------

1. ①  2. ④  3. dried grass, bark, feathers, and wool
4. in a cactus

## UNIT 20 바다거북 알

바다거북은 바다에 삽니다. 바다거북은 알을 낳기 위해 해변으로 기어올라옵니다. 바다거북은 물갈퀴를 이용해 모래 속에 구멍을 팝니다. 바다거북은 그 구멍에 알을 낳습니다. 그러고 나서 바다거북은 모래로 알을 덮습니다. 알은 모래 속에 약 2개월 정도 있습니다. 그리고 알은 부화할 준비가 됩니다. 아기 바다거북은 특별한 이빨을 가지고 있습니다. 그 이빨은 아기 바다거북들이 알 껍질을 깰 수 있도록 도와 줍니다. 나중에 이 이빨은 빠집니다.

### 읽기 연습

1. 왜 바다거북은 해변으로 기어올라오나요?
① 모래를 먹기 위해  ② 숨쉬기 위해
③ 알을 낳기 위해  ④ 집을 짓기 위해

2. 바다거북은 무엇을 이용해 모래에 구멍을 파나요?
① 물갈퀴  ② 이빨  ③ 코  ④ 꼬리

### 쓰기 연습

3. 알은 모래 속에 얼마나 있게 되나요?

4. 아기 바다거북의 특별한 이빨은 무엇을 하나요?

### 해답

1. ③  2. ①  3. for about two months  4. It helps baby turtles to break open the egg's shell.


## UNIT 21 잠자리의 삶의 주기는 어떠한가요?

곤충들의 삶의 주기는 다른 동물들의 그것과 다릅니다. 많은 어린 곤충들은 유충이라 불립니다. 유충은 부모와 닮았지만, 날개는 여전히 자라고 있습니다. 유충은 자라면서 여러 번 자신들을 덮고 있는 껍질을 벗습니다. 잠자리는 종종 물 속에 알을 낳습니다. 잠자리 유충은 잠자리 알에서 부화되어 나옵니다. 처음에 잠자리 유충은 물 속에서 삽니다. 그러고 나서 육지로 기어올라옵니다.

### 읽기 연습

1. 많은 어린 곤충들은 무엇이라 불리나요?
① 잠자리  ② 나비  ③ 유충  ④ 알

2. 잠자리는 종종 어디에 알을 낳나요?
① 물 속  ② 둥지 속  ③ 하늘  ④ 나무

### 쓰기 연습

3. 잠자리 유충은 어디에서 나오나요?

4. 잠자리 유충은 물 속에서 살다가 어디로 기어올라오나요?

### 해답

1. ③  2. ①  3. It hatches from the dragonfly egg.
4. to the land


## UNIT 22 어린 동물은 부모와 어떻게 닮았나요?

어린 동물들은 모양이나 색깔이 부모들과 종종 닮아 있습니다. 그러나 어떤 어린 동물들은 부모와 다르게 보이기도 합니다. 어린 펭귄은 푹신한 털로 덮여 있습니다. 펭귄은 자라면서 털이 흰색과 검은색으로 변합니다. 기린의 점은 점점 커집니다. 기린은 각자 독특한 점을 가지고 있습니다. 똑같은 무늬를 한 기린은 없습니다. 어른 기린의 점들은 새끼 기린의 점들보다 어둡습니다.

### 읽기 연습

1. 새끼 펭귄은 무엇으로 덮여 있습니까?
① 푹신한 털  ② 두꺼운 살  ③ 비늘  ④ 날카로운 바늘

2. 펭귄은 자라면서 털이 어떻게 되나요?
① 노란색  ② 초록색  ③ 흰색과 검은색  ④ 분홍색

### 쓰기 연습

3. 기린들은 각자 무엇을 가지고 있나요?

4. 어른 기린의 점은 새끼 기린의 점과 어떻게 다른가요?

### 해답

1. ①  2. ③  3. its own pattern of spots  4. They are darker than the spots on its young.


## 지리

## UNIT 23 지구 바라보기

지구본은 구나 공 모양입니다. 지구본은 지구의 모형입니다. 지구본은 지구의 주요 물과 대륙의 모습을 보여 줍니다. 대륙은 가장 큰 땅덩어리입니다. 지구의 일곱 개 대륙을 가장 큰 것부터 가장 작은 것 순으로 나열하면 아시아, 아프리카, 북아메리카, 남아메리카, 남극, 유럽, 그리고 오스트레일리아 순서입니다. 지구본의 북극과 남극 사이 반쯤 되는 곳에 있는 선을 적도라고 부릅니다.

## 읽기 연습 📚

1. 지구는 무슨 모양인가요?
① 구  ② 직사각형  ③ 원형  ④ 삼각형

2. 지구에서 가장 큰 땅덩어리들을 뭐라고 부르나요?
① 지구본  ② 물  ③ 북극  ④ 대륙

## 쓰기 연습 ✏️

3. 가장 큰 대륙은 무엇인가요?

4. 지구본의 북극과 남극 사이 반쯤 되는 곳에 있는 선을 뭐라고 부르나요?

**해답** -----------------------------------------

1. ①  2. ④  3. Asia  4. the equator

## UNIT 24  지도 읽기

지도는 여러분을 둘러싸고 있는 세계에 대한 중요한 정보를 알려 줍니다. 지도는 평면 위에 지구 전체나 일부를 보여 주는 그림입니다. 여러분의 지도 읽기를 돕기 위해 지도 제작자들은 지도에다가 어떤 특징들을 추가합니다. 이런 특징들에는 제목, 나침도, 위치 탐색기, 지도 축척 등이 있습니다. 지도 제작자들은 때로 지도 상의 특정 장소들을 좀더 자세하게 보여 줄 필요가 있습니다. 때때로 그들은 지도에 나와 있는 지역 이외에 위치한 곳들도 보여 줘야 합니다.

## 읽기 연습 📚

1. 평면 위에 지구 전체나 일부를 보여 주는 그림을 뭐라고 하나요?
① 지도  ② 세계  ③ 나침반  ④ 특징

2. 지도의 특징에 포함되지 않는 것은 무엇입니까?
① 제목  ② 별  ③ 나침도  ④ 위치 탐색기

## 쓰기 연습 ✏️

3. 여러분들이 지도 읽는 것을 돕기 위해 지도 제작자들은 무엇을 하나요?

4. 지도 제작자들은 지도상의 특정 장소들을 좀더 자세하게 보여 주는 것 말고도 때때로 무엇을 해야 하나요?

**해답** -----------------------------------------

1. ①  2. ②  3. They add certain features to their maps.

4. They must also show places that are located beyond the area shown on a map.

## UNIT 25  위도와 경도

어떤 장소의 정확한 위치를 설명하기 위해, 여러분은 그 장소에서 가장 가까운 위도와 경도를 말하게 됩니다. 위도는 동서로 그어져 있습니다. 적도는 위도입니다. 적도는 0이나 0도로 표시됩니다. 위도상의 선들은 모두 적도를 기준으로 북쪽이나 남쪽으로 도에 따라 측정됩니다. 경도는 남북으로 그어져 있습니다. 본초자오선은 경도입니다. 적도처럼 본초자오선도 0으로 표시됩니다. 경도상의 선들은 모두 본초자오선을 기준으로 동쪽이나 서쪽으로 도에 따라 측정됩니다.

## 읽기 연습 📚

1. 지도나 지구본에 동서로 그어져 있는 선을 뭐라고 부르나요?
① 위도  ② 경도  ③ 적도  ④ 본초자오선

2. 지도나 지구본에 남북으로 그어져 있는 선을 뭐라고 부르나요?
① 위도  ② 경도  ③ 적도  ④ 본초자오선

## 쓰기 연습 ✏️

3. 위도상의 모든 선들은 어떻게 측정되나요?

4. 경도상의 모든 선들은 어떻게 측정되나요?

**해답** -----------------------------------------

1. ①  2. ②  3. They are measured in degrees north or south from the equator.  4. They are measured in degrees east or west from the prime meridian.

## UNIT 26  미국 – 동부

여러분의 여행은 대서양의 모래사장을 따라 시작됩니다. 이 곳의 땅은 평평하고 낮습니다. 사실상, 여러분은 해수면에 서 있는 셈입니다. 해수면의 땅은 바다의 표면과 높이가 같은 것입니다.

## 읽기 연습 📚

1. 미국 동쪽에 위치한 바다의 이름은 무엇입니까?
① 태평양  ② 북극해  ③ 남극해  ④ 대서양

2. 미국 동부의 땅은 어떠한가요?

① 뾰족한 ② 둥근 ③ 높은 ④ 낮은

## 쓰기 연습 ✏️

3. 사실상 미국 동부에서 여러분은 어디에 서 있는 셈인가요?

4. 해수면의 땅은 무엇의 높이와 같은 것인가요?

### 해답

1. ④  2. ④  3. at a sea level  4. level with the surface of the ocean

# UNIT 27  미국 – 중부

애팔래치아 산맥을 넘으면 여러분은 낮고 비옥한 커다란 땅에 도착하게 됩니다. 여러분은 지금 인테리어 평원에 있습니다. 이 평원은 멕시코에서부터 미국 중부와 캐나다를 지나 북쪽으로 뻗어 있습니다.

## 읽기 연습 📚

1. 애팔래치아 산맥을 넘으면 어디에 도착합니까?
① 대양 ② 산맥 ③ 캐나다 ④ 낮고 비옥한 땅

2. 애팔래치아 산맥을 넘으면 도착하게 되는 곳이 어디인가요?
① 인테리어 평원 ② 멕시코 ③ 캐나다 ④ 미국

## 쓰기 연습 ✏️

3. 인테리어 평원은 어디서부터 북쪽으로 뻗어 있나요?

4. 인테리어 평원은 어디를 통과하나요?

### 해답

1. ④  2. ①  3. Mexico  4. They go through the Middle of the United States and into Canada.

# UNIT 28  미국 – 서부

서부에서 보게 되는 첫번째 산맥은 록키 산맥입니다. 이 산맥은 록키라고도 불립니다. 이 산맥은 북아메리카에서 가장 큰 산맥 혹은 연결산맥을 이루고 있습니다. 록키 산맥은 멕시코에서 알래스카까지 3,000 마일 이상 뻗어 있습니다. 록키 산맥은 나이가 어린 산맥입니다. 록키 산맥은 가파르고 바위가 많고 높습니다. 바람과 물이 아직 산봉우리를 침식시키지 않았습니다. 콜로라도에

있는 40개가 넘는 산봉우리들의 높이는 14,000 피트 이상입니다.

## 읽기 연습 📚

1. 서부에서 제일 처음 보게 되는 산맥은 무엇입니까?
① 그레이트 스모키 산맥 ② 히말라야
③ 록키 산맥 ④ 시에라 네바다 산맥

2. 록키 산맥은 어디에서 어디까지 뻗어 있습니까?
① 캐나다에서 미국까지 ② 멕시코에서 알래스카까지
③ 동부에서 서부까지 ④ 멕시코에서 캐나다까지

## 쓰기 연습 ✏️

3. 록키는 오래된 산맥입니까?

4. 콜로라도에 있는 40개 이상의 산봉우리들은 높이가 얼마나 됩니까?

### 해답

1. ③  2. ②  3. No, they are young mountains.
4. higher than 14,000 feet

# UNIT 29  알래스카

알래스카는 미국에서 가장 큰 주입니다. 알래스카는 가장 추운 주이기도 합니다. 알래스카는 텍사스의 2배 크기이며 곰과 독수리의 고장입니다. 만약 여러분이 알래스카에 산다면 햇볕에 반짝이는 푸른 빙하를 보게 될 것입니다. 아마 곰이나 무스, 심지어는 고래떼들도 보게 될 것입니다. 주노는 알래스카의 주도인데, 조 주노의 이름에서 유래되었습니다. 그는 황금을 찾아서 알래스카로 갔습니다. 알래스카의 많은 사람들은 특별한 아이스크림을 만들어 먹는 것을 좋아합니다. 그들은 베리와 눈, 표범 기름을 섞어 먹습니다.

## 읽기 연습 📚

1. 미국에서 가장 큰 주는 무엇입니까?
① 네바다 ② 캘리포니아 ③ 알래스카 ④ 콜로라도

2. 만약 여러분이 알래스카에 산다면 무엇을 보게 될까요?
① 무스 ② 호랑이 ③ 사자 ④ 뱀

## 쓰기 연습 ✏️

3. 알래스카는 얼마나 큽니까?

4. 조 주노는 왜 알래스카에 갔습니까?

1. ③  2. ①  3. It is two times a big as Texas.  4. He went to Alaska in search of gold.

## UNIT 30  켄터키

링컨 대통령은 켄터키에서 태어났습니다. 그는 어렸을 때 통나무 집으로 된 학교에 다녔습니다. 켄터키는 켄터키 더비의 고장이기도 합니다. 켄터키 더비는 유명한 경마 대회입니다. 매년 5월에 경마 대회가 열립니다. 켄터키에서는 세계에서 가장 큰 동굴을 볼 수 있습니다. 동굴에는 지하로 흐르는 강이 있습니다! 여러분은 이 어두운 강을 따라 보트 여행을 할 수 있습니다.

### 읽기 연습

1. 켄터키는 유명한 말 경주의 본고장입니다. 이 말 경주는 무엇이라 불립니까?
① 켄터키 호스  ② 켄터키 도기  ③ 켄터키 더비  ④ 켄자스 더비

2. 링컨 대통령은 어디에서 태어났습니까?
① 텍사스  ② 뉴욕  ③ 워싱턴  ④ 켄터키

### 쓰기 연습

3. 링컨 대통령은 어렸을 때 어디에 다녔습니까?
4. 켄터키에는 무엇이 있습니까?

해답
1. ③  2. ④  3. a log cabin school  4. the largest cave in the world

## UNIT 31  뉴 햄프셔

로버트 프로스트는 유명한 시인이었습니다. 그는 훌륭한 시를 많이 썼습니다. 그는 뉴 햄프셔의 데리에 살았습니다. 그는 자연에 관한 시를 많이 썼습니다. 그는 설원에 대해 씁니다. 가을에 붉게 변하는 나뭇잎에 대해서도 씁니다. 그는 사람들이 다니는 숲 속의 길에 대해서도 씁니다. 많은 그의 시상이 뉴 햄프셔에서 나왔습니다.

### 읽기 연습

1. 로버트 프로스트는 어떤 사람입니까?
① 유명한 작곡가  ② 유명한 가수
③ 유명한 시인  ④ 유명한 의사

2. 로버트 프로스트가 쓰지 않은 것을 고르시오.
① 설원  ② 가을에 붉게 변하는 나뭇잎
③ 사람들이 다니는 숲 속의 길  ④ 도심 속 빌딩들

### 쓰기 연습

3. 많은 그의 시상들이 어디에서 나왔나요?
4. 그의 시에는 무엇에 관한 것이 많나요?

해답
1. ③  2. ④  3. the land of New Hampshire  4. nature

## UNIT 32  몬타나

몬타나는 '커다란 하늘 마을'이라고 불립니다. 크고 푸른 하늘이 땅과 만난 것처럼 보입니다. 이 곳을 방문하는 이유 중 하나는 바로 메뚜기 빙하입니다. 수백만 마리의 메뚜기들이 빙하 속에 얼어 있습니다. 몬타나에는 50개가 넘는 산맥이 있습니다. 산악 염소들은 바위를 집으로 여깁니다. 이 희고 털 많은 염소들은 뾰족한 바위 위를 걷습니다. 이 염소들은 바위 저 높은 곳에 살아서 보기가 힘듭니다.

### 읽기 연습

1. '커다란 하늘 마을'이라 불리는 주는 무엇입니까?
① 몬타나  ② 네바다  ③ 알래스카  ④ 미네소타

2. 몬타나의 빙하에는 무엇이 얼어 있습니까?
① 파리  ② 쥐  ③ 개미  ④ 메뚜기

### 쓰기 연습

3. 산악 염소들은 바위를 무엇이라 부릅니까?
4. 왜 염소들을 보기가 힘든가요?

해답
1. ①  2. ④  3. home  4. Because they live so high up on the rocks.

## UNIT 33 텍사스

텍사스는 너무 커서 두 개의 표준시간대가 있습니다. 이것은 만약 여러분이 텍사스 한쪽에 살고 있고 할머니는 텍사스 다른 쪽에 살고 계신다면 너무 늦은 시간에 전화를 걸어서는 안 된다는 뜻입니다! 텍사스에 있는 빅 벤드 국립공원은 방문하기에 멋진 곳입니다. 이 곳에는 미국 어느 공원보다도 많은 새와 박쥐들이 있습니다. 만약 방문하게 된다면 여러분은 뿔도마뱀과 아마딜로 그리고 프레리 독을 보게 될 것입니다. 공원의 모든 길은 리오 그란데 강에서 끝납니다.

### 읽기 연습

1. 텍사스는 너무 커서 무엇을 가지고 있나요?
① 두 개의 표준시간대  ② 두 개의 이름
③ 두 개의 주  ④ 두 개의 사막

2. 빅 벤드 국립공원을 방문하면 무엇을 볼 수 있나요?
① 원숭이  ② 고양이  ③ 박쥐  ④ 호랑이

### 쓰기 연습

3. 빅 벤드 국립공원을 방문하면 또 무엇을 볼 수 있나요?

4. 공원에 있는 모든 길은 어디서 끝나나요?

### 해답

1. ①  2. ③  3. horned toads, armadillos, and prairie dogs
4. They end at the Rio Grande River.

## UNIT 34 로드 아일랜드

로드 아일랜드는 미국에서 가장 작은 주입니다. 로드 아일랜드의 별명은 '리틀 로디'입니다. 로드 아일랜드를 방문하면, 워치힐에 있는 미국에서 가장 오래된 회전목마를 타 보고 싶어질 것입니다. 블록 아일랜드행 페리를 타고 싶어질지도 모릅니다. 블록 아일랜드는 해안에서 떨어진 작은 섬입니다. 프랑스 해적들이 그 곳에 왔다고들 합니다. 사람들은 키드 선장의 황금이 아직 이 아름다운 섬에 묻혀 있다고 생각합니다.

### 읽기 연습

1. 미국에서 가장 작은 주는 무엇입니까?
① 오리건  ② 알래스카  ③ 텍사스  ④ 로드 아일랜드

2. 블록 아일랜드에는 무엇을 타고 가야 하나요?

① 페리  ② 자전거  ③ 기차  ④ 버스

### 쓰기 연습

3. 블록 아일랜드에는 누가 왔다고들 합니까?

4. 사람들은 블록 아일랜드에 무엇이 여전히 묻혀 있다고 생각하나요?

### 해답

1. ④  2. ①  3. French pirates  4. Captain Kidd's gold

## UNIT 35 버몬트

버몬트는 두 개의 프랑스어에서 온 이름입니다. 버트는 초록을 의미하며 몬트는 산을 의미합니다. 버몬트는 '초록색 산' 주로 알려져 있습니다. 버몬트에 가면 제당소를 보게 될 것입니다. 제당소는 단풍나무액이 메이플 시럽으로 바뀌는 곳입니다. 팬케이크어 얹어 먹어 보세요. 또한 브레드 로프 산에도 오를 수 있습니다. 이 산은 초록색 빵덩어리처럼 생겼습니다!

### 읽기 연습

1. 버몬트라는 이름은 어디에서 유래되었나요?
① 두 개의 영어  ② 두 개의 스페인어
③ 두 개의 일본어  ④ 두 개의 프랑스어

2. '버트'와 '몬트'의 의미는 무엇입니까?
① 초록색과 산  ② 파란색과 바다
③ 노란색과 흙  ④ 붉은색과 태양

### 쓰기 연습

3. 제당소에서는 무슨 일이 일어나나요?

4. 브레드 로프 산은 무엇처럼 생겼나요?

### 해답

1. ④  2. ①  3. Maple tree sap is turned into maple syrup.
4. It looks like a green loaf of bread.

### 수학

## UNIT 36 덧셈 또는 뺄셈

아래 문제를 읽으세요. 덧셈이나 뺄셈을 해서 문제를 푸세요.

1. 어린 크리터는 야구 카드를 24장 갖고 있었습니다. 그는 12장을 케지토에게 주었습니다. 크리터에게 야구 카드가 몇 장 남았습니까?

2. 여동생이 24개의 딸기를 땄습니다. 할머니가 35개를 더 따셨습니다. 딸기는 총 몇 개가 되었습니까?

3. 번번은 바닷가에서 15개의 조개껍질을 주웠습니다. 번번에게는 집게 23개의 껍질이 더 있습니다. 번번에게는 조개껍질이 총 몇 개 있나요?

4. 말콤의 삼촌 토마스는 58마일 떨어진 곳에 살고 있습니다. 말콤과 그의 가족은 토마스 삼촌 집으로 가기 위해 이미 33마일을 운전해 왔습니다. 얼마나 더 가야 하나요?

**해답** --------------------------------------------

1. 12장   2. 59개   3. 38개   4. 25마일

## UNIT 37   골라내기

지시   각 그룹에 속하지 않는 단어에 X 표시를 하세요.

## UNIT 38   숫자 비교하기

지시   동그라미 안에 〈 혹은 〉표시를 하세요.

75 〈 82        39 〈 41
26 〉15         45 〉24
65 〉19         55 〈 98

## UNIT 39   시간 말하기: 30분

작은 바늘은 시간을 알려 주고 긴 바늘은 한 시간 중 몇 분이 지나갔는지 알려 줍니다. 긴 바늘이 6에 있으면 30분을 의미합니다.

지시 1   왼쪽 시간에 맞는 원형시계를 그리세요.

지시 2   같은 시간을 나타내는 것끼리 줄을 이으세요.

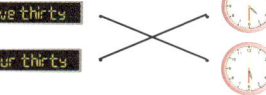

## UNIT 40   그래핑

지시   이 그래프는 할아버지가 농장에 얼마나 많은 동물을 가지고 계신지 보여 줍니다. 그래프를 보고 질문에 답하세요.

1. 할아버지에게는 양이 몇 마리 있습니까?
2. 할아버지에게는 염소가 몇 마리 있습니까?
3. 할아버지에게 가장 많은 동물은 무엇입니까?
4. 할아버지에게 가장 적은 동물은 무엇입니까?
5. 할아버지는 모두 몇 마리의 동물을 가지고 있습니까?

**해답** --------------------------------------------

1. five   2. six   3. goats   4. cows   5. eighteen

## UNIT 41   달력

지시   1년에는 12달이 있습니다. 8월은 1년 중 8번째 달입니다. 아래 달력에 관한 질문에 답하세요.

1. 8월에는 총 며칠이 있습니까?
2. 8월 8일은 무슨 요일입니까?
3. 이번 달에 금요일이 모두 몇 번 있습니까?
4. 이번 달에 꽉 찬 주는 모두 몇 주입니까?
5. 8월 앞달은 무슨 달입니까?
6. 8월 28일은 무슨 요일입니까?
7. 8월 14일의 1주일 후는 몇 일입니까?

**해답** --------------------------------------------

1. thirty one   2. Wednesday   3. five   4. three   5. July
6. Tuesday   7. August 21st

# 간추린 미국 초등 교과서

# Reading
# Writing
# Listening

초급 ①

초판 1쇄 인쇄 | 2011년 3월 10일
초판 1쇄 발행 | 2011년 3월 25일

지은이 | Elly Kim
감　수 | James Cho
녹　음 | Bob Tripp, Eleanor Spall

펴낸이 | 남주현
펴낸곳 | 채운북스(자매사 채운어린이)
주소 | 서울시 마포구 창전동 5-11 3층(우 121-190)
전화 | 02-3141-4711(편집부) 02-325-4711(마케팅부)
팩스 | 02-3143-4711
전자우편 | chaeun1999@empal.com
디자인 | design86 김서형
출력 | 아이앤지 프로세스
종이 | 세종페이퍼
인쇄 | 대원인쇄
제책 | (주)세상모든책

ISBN 978-89-94608-10-5 (63740)
＊잘못된 책은 구입하신 서점에서 바꾸어 드립니다.